ÉTUDES MILITAIRES

NOTRE FRONTIÈRE DES ALPES

[illegible]

[illegible]

ÉTUDES MILITAIRES

NOTRE FRONTIÈRE DES ALPES

CATINAT — BERWICK — VAUBAN — BUGEAUD

PAR

LE COMMANDANT DE VILLEBOIS-MAREUIL

EXTRAIT DU *CORRESPONDANT*

PARIS

JULES GERVAIS, LIBRAIRE-ÉDITEUR

29, RUE DE TOURNON, 29

1885

NOTRE FRONTIÈRE DES ALPES

ÉTUDES MILITAIRES

CATINAT — BERWICK — VAUBAN — BUGEAUD

Il est presque impossible de parcourir notre frontière des Alpes, sans que l'esprit soit hanté par tous les souvenirs militaires qui s'y rattachent.

Tout contribue à les réveiller, depuis ces anciens ouvrages, petits et démodés pour nos visées modernes, mais perchés si ingénieusement sur des rocs isolés, sortes de nids d'aigle, toujours jetés au bon endroit pour garder la France de toute insulte, jusqu'à ces forts nouveaux, si imposants avec leurs batteries étagées, et obligés pour se soustraire aux atteintes de l'artillerie actuelle, d'adopter la devise : *Quò non ascendam?* Entre ces vallées et ces sommets, l'esprit ne cherche-t-il pas les traces du passage d'Annibal et de Napoléon? N'y croit-on pas entendre l'écho lointain des anciens combats? Ne sent-on pas des bouffées de conquête, en atteignant certains cols historiques? L'air même si vivifiant de ces âpres montagnes ne nous souffle-t-il pas, avec une vigueur inconnue, des aspirations de soldat?

Briançon surtout domine et dominera toujours l'histoire militaire de cette région : l'action de la grande place de guerre rayonne sur toutes les Alpes françaises; c'est bien la clef de cette frontière. Vauban disait des Alpes : « Il est bien vrai que les Alpes ne sont pas des barrières suffisantes, mais quand les passages en sont bien reconnus, c'est beaucoup de n'y point trouver des portes cochères, mais seulement des guichets qu'on peut aisément fermer. »

Briançon est un de ces guichets qu'il faudrait être bien fort pour ouvrir, quand une fois nous l'aurons fermé.

Dans les temps et les circonstances où nous sommes, il est intéressant d'examiner la géographie militaire de cette région et de rappeler quelques traits de l'illustration qu'elle doit aux Catinat et aux Berwick.

Le théâtre d'opérations correspondant à notre frontière des Alpes s'étend du lac de Genève à la Méditerranée, mais il se subdivise en trois fronts secondaires : au nord, le front de la Savoie; au centre, le front du Dauphiné, englobant la Maurienne et la haute Durance; au sud, le front de la Provence ou des Alpes-Maritimes.

De ces trois régions, la plus intéressante est sans contredit celle du centre. C'est elle qui a le plus souvent tenté l'envahisseur et le tenterait encore le cas échéant; c'est elle qui servirait de base à notre défense, comme elle pourrait servir de base à notre attaque, si une agression italienne nous y contraignait. Cette région, qui comprend la Maurienne et le Briançonnais, est la plus largement percée de routes s'ouvrant à l'invasion; c'est aussi la mieux gardée. Ces routes sont : celle du mont Cenis, doublée d'une voie ferrée continue depuis le percement du tunnel; et celle du mont Genèvre, à laquelle il ne manque, pour être également en possession d'un chemin de fer, que l'exécution du tronçon projeté de Briançon à Bardonnèche par le col de l'échelle de Plampinet. Ces deux voies offrent l'incomparable avantage de se compléter l'une l'autre, de permettre aux troupes qui les suivent de rester en communication constante, de se prêter réciproquement un appui permanent et immédiat, et, à rapidité de marche égale, d'atteindre, dans un temps donné, un objectif commun; enfin elles sont les plus courtes.

Il y en a deux autres, tout à fait excentriques celles-là, et qui sont loin de valoir les premières. L'une, qui pénètre en Savoie et descend le Rhône pour gagner Lyon, ne peut être suivie sans violation de la neutralité suisse; elle oblige avant tout celui qui veut l'utiliser à occuper Genève. Or si, de part et d'autre, l'esprit d'initiative et de décision est égal chez les belligérants, si tout se réduit à une simple question de proximité, n'avons-nous pas un avantage sur l'ennemi, quel qu'il soit, et bien des chances d'être le premier occupant?

La dernière route, celle de la Corniche, n'est utilisable que pour qui tient la mer; elle est donc mieux gardée qu'une autre, puisque, jusqu'ici, notre flotte peut encore défier la plupart des marines étrangères; elle traverse en outre une contrée sans ressources, se heurte à la place de Toulon, et ne tend qu'à un objectif secondaire, Marseille. Il serait même regrettable, au point de vue militaire, de modifier une pareille situation. La création, dans l'intérieur des terres, d'une seconde voie ferrée, reliant le Rhône à Nice et doublant celle qui longe la côte, aurait le résultat stratégique le plus fâcheux, qui serait de fournir à l'ennemi des armes contre nous-mêmes. Gardons-nous, au contraire, d'enlever à la Provence ce cachet de stérilité, ce défaut de viabilité, qui ont au moins l'avantage d'y avoir toujours fait avorter les invasions, et, lorsque nous avons la rare fortune, grâce à la puissance de nos escadres, d'utiliser ou de paralyser à volonté une voie ferrée, gardons-nous d'ouvrir un nouveau débouché presque inutile pour nous et d'un profit incalculable pour une armée ennemie.

Sans préjuger l'avenir et les considérations multiples qui pourraient imposer à l'ennemi une de ces routes plutôt qu'une autre, il doit être admis que les débouchés de la Maurienne et de la haute Durance restent les plus naturels.

La route du mont Cenis est gardée près de la frontière par le petit fort de Lesseillon. Construit par les Italiens, il nous a été cédé en 1859. Destiné à arrêter une attaque de l'ouest, il suffisait très bien autrefois pour le rôle qui était alors le sien; mais ce rôle a aujourd'hui changé, et l'on doit remplacer le fort actuel par un ouvrage à Modane. Cet ouvrage ne commandera pas seulement le tunnel de Fréjus; il couvrira encore efficacement la route parallèle à la frontière et si importante du col du Galibier.

L'on s'est contenté jusqu'ici de reporter la défense de la Maurienne, comme celle de la Tarentaise, à son extrémité, en organisant au confluent de l'Arc et de l'Isère la forte position de Chamousset, dont on aperçoit du chemin de fer l'ouvrage principal, le fort de Montperché.

La haute Durance peut être abordée par les cols de l'Échelle, du mont Genèvre et de Bousson. Briançon les maîtrise tous. Si l'ennemi, pour tourner un obstacle aussi sérieux, inclinait vers le sud, il aurait à sa disposition les cols d'Abriès, de la Croix, d'Agnello, du Longet et de l'Argentière. Les trois premiers donnent accès dans la vallée du Guil, les deux autres dans celle de l'Ubaye. Barré d'abord par le fort Queyras, simple poste incapable de résister au canon, le Guil n'est sérieusement défendu qu'à son confluent par Mont-Dauphin, fort admirablement situé, mais auquel les portées actuelles ont enlevé beaucoup de sa valeur passée. L'Ubaye est défendue par les forts Tournoux et Saint-Vincent, ouvrages médiocres. L'ennemi, en pénétrant dans cette vallée, craindrait certainement moins de les affronter que d'imprimer une direction beaucoup trop excentrique à sa marche et d'exposer sa droite aux entreprises que la garnison de Mont-Dauphin pourrait tenter contre elle par le col de Vars.

Pour toute la région que nous venons de décrire, le foyer de la défense est Briançon.

Trois torrents s'y réunissent pour former la Durance : la Durance proprement dite vient du mont Genèvre, est longée par la route carrossable de ce nom ; la Clarée descend du mont Thabor, est suivie par le chemin du pas de l'Échelle débouchant de Bardonnèche ; la Guisanne prend naissance dans le massif des Trois-Ellions et ouvre la route du Lautaret, de Briançon à Grenoble, par la vallée de la Romanche. Cette situation unique fait de Briançon le centre de nombreuses voies de communication qui rayonnent vers tous les points du théâtre d'opérations. Le col du mont Genèvre offre à notre offensive une route bien souvent suivie et toujours tentante.

La belle route du Lautaret mène à Lyon par Grenoble. L'importante route du Galibier se greffe sur elle entre la Madeleine et le col de Lautaret, relie Briançon à la Maurienne, où elle débouche près de Saint-Michel et se continue par le col des Encombres, à travers le massif de la Vannoise, jusque dans la Tarentaise. La Durance permet d'atteindre Marseille en évitant Toulon. Enfin la Cerveyrette, petit affluent dont se grossit la Durance un peu en aval de Briançon, offre une voie assez bonne vers le fort Queyras par le col d'Hyzoard, voie naturelle continuée de la vallée du Guil dans celle de l'Ubaye par le col de Vars.

L'on voit déjà, par ce simple exposé, quel rôle prépondérant peuvent jouer dans la défense de notre frontière les cols du Galibier, d'Hyzoard et de Vars, et combien l'amélioration de leur viabilité s'impose à nos efforts.

La route carrossable qui les réunirait permettrait à un corps d'armée, échelonné de Briançon à Embrun, de se porter rapidement sur Tournoux, Saint-Michel ou la Tarentaise, c'est-à-dire de tendre la main à nos troupes de Savoie ou de Provence. Le maréchal de Berwick avait découvert le secret d'une pareille communication : elle fit partie de la ligne intérieure qui donna lieu à ses fameuses navettes, et lui permit de prévenir l'ennemi sur tous les points et dans tous ses desseins.

Nommé au commandement de l'armée des Alpes en 1709, il visita la frontière, en commençant par le haut Dauphiné, d'où il se rendit en Provence pour revenir en Savoie, puis en Tarentaise, et retourner par la Maurienne à Briançon. Cette inspection lui démontra la nécessité de défendre la frontière, d'Antibes au lac de Genève. La défensive était difficile sur une ligne de 60 lieues, à travers un pays de montagnes ! Il fallait trouver un emplacement qui permît d'être à portée de tout événement, et en état d'arriver partout, sinon avec toute l'armée, du moins avec des forces suffisantes pour barrer le passage à l'ennemi. C'est alors qu'il eut cette idée de génie d'une ligne dont le centre avançait tandis que la droite et la gauche étaient reculées, en sorte que ses troupes faisaient toujours la corde et les troupes adverses toujours l'arc. Briançon fut le point fixe de ce centre, où devait se tenir le gros des troupes pour filer sur la droite ou la gauche, suivant les mouvements ennemis. La droite de la ligne passait par Barcelonnette et le Var, depuis sa source jusqu'à son embouchure. Tournoux, avec un camp retranché, en était le magasin et le point d'appui. La ligne à gauche passait par le col de Galibier, tombait à Valoire, Saint-Jean-de-Maurienne, puis, couverte par l'Arc jusqu'à son confluent avec l'Isère, atteignait Montmélian et Fort-Barraux. Ainsi, de propos délibéré, la Tarentaise et une partie de la Savoie étaient sacrifiées, parce que leur défense n'eût pas permis d'infléchir suffisamment la ligne à gauche. Dans ce plan, Briançon devait jouer un rôle capital, puisque de la conservation du point milieu de la ligne dépendait l'excellence du système. C'était alors une très mauvaise place commandée de partout. Berwick créa un camp retranché sur les hauteurs des Têtes, ce fut l'origine du fort qui y existe aujourd'hui. Il fit également occuper le Randouillet, hauteur qui commandait les Têtes de trop près pour qu'il fût permis de la négliger. C'est donc au maréchal de Berwick que Briançon doit ses premiers ouvrages extérieurs. Quelques années avant lui, Vauban avait visité cette petite ville du haut Dauphiné ; il avait été frappé de sa situation exceptionnelle à la tête de trois grandes vallées, mais il la dépeignait « comme fort resserrée, n'ayant aucun vide dans son enceinte quoique contenant à peine deux cent soixante feux, d'une assiette fort inégale et sur deux grandes pentes, des rues très étroites, des entrées difficiles, la ville si mal bâtie et si inégale qu'il n'y entrait point de charroi ».

La ville actuelle n'est pas faite pour démentir une telle peinture, elle est restée aussi inégale, aussi resserrée, immuable comme le rocher qui la porte ; elle n'a développé que la couronne de ses forts, comme si l'auréole guerrière qui plane sur son nom devait à jamais lui suffire ! Aujourd'hui, outre les forts anciens du Randouillet, des Trois-Têtes et Dauphin, Briançon possède, depuis 1870, trois grands ouvrages nouveaux, l'Infernet, à 2380 mètres d'altitude, tenant sous son feu le confluent de la Durance et de la Clarée, les batteries du Gondran dominant l'Infernet et barrant les cols du mont Genèvre et de Bousson, et la Croix de Bretagne, dont le rôle est de commander la Cerveyrette et la route du col d'Hyzoard. Là ne doivent pas s'arrêter les travaux. L'on a construit une batterie vers le col de l'Échelle ; d'autres ouvrages sont en projet, et la

*

place elle-même, celle qu'a connue Berwick, ne sera plus dans quelque temps que le simple réduit d'un vaste camp retranché. Ainsi l'instrument défensif aura été mis à la hauteur de toutes les exigences des progrès modernes, au camp retranché des Têtes aura succédé celui de Briançon. Dieu veuille toutefois que celui qui aura dorénavant l'honneur de s'en servir n'oublie pas les magnifiques leçons du maître qui en fut l'inventeur! Aujourd'hui, comme au temps de Berwick, la défense de la frontière des Alpes consistera à posséder quelques points d'appui solides et à faire mouvoir rapidement ses troupes sur une ligne intérieure. Les points d'appui anciens ont été réorganisés; on en a créé de nouveaux à Chamousset et à Albertville; il ne reste donc plus qu'à rendre praticable cette ligne intérieure si nécessaire. Il est à souhaiter qu'on s'en occupe avec activité et persévérance.

On a commencé par la route du Galibier, n'est-il pas temps de songer aux routes des cols de Vars, d'Hyzoard et des Encombres? Ce sera le chemin de ronde qui réunira les différents secteurs de notre frontière.

Le front du Dauphiné était un théâtre de guerre tout naturellement désigné; bien des campagnes s'y sont déroulées. L'on comprend qu'il serait long et fastidieux de les reprendre chacune successivement. Catinat et Berwick ont marqué toutes les leurs du même cachet; en citer une, c'est rappeler les autres. Plus tard, sous la République et l'Empire, les opérations prennent un tel développement, qu'elles submergent les anciens théâtres de guerre. Nous trouverons néanmoins encore, au moment où l'Empire va sombrer sous la coalition de l'Europe, alors que la France est réduite à se battre pour ses anciennes limites, une série de faits glorieux, dignes d'être remis en mémoire, autant pour l'honneur de notre drapeau que pour l'illustration de la région qui nous occupe.

En 1692, le maréchal de Catinat commandait l'armée du roi sous Pignerol, et avait établi son camp sur le plateau de la Roche-Cotel. La guerre se poursuivait, avec des fortunes diverses, contre le duc de Savoie, depuis le commencement de l'année 1690, époque à laquelle ce prince, échappant au vasselage où le tenait Louis XIV, avait adhéré à la seconde coalition, appelé dans ses États les Barbets[1] fugitifs, et accepté le secours de plusieurs régiments de protestants français. Les événements militaires de 1690

---

[1] Les Vaudois, ainsi nommés à cause de leurs prêtres appelés barbes.

et 1691 eurent le Piémont pour théâtre ; la campagne de 1692, au contraire, n'eut d'autre cadre que le Dauphiné.

L'armée de Catinat, forte de vingt-sept bataillons et trente-trois escadrons, à peine vingt mille hommes, avait été très sacrifiée à l'armée de Flandre, qui, commandée par le roi en personne, venait d'investir Namur. Elle était donc condamnée à garder la défensive, d'autant plus que l'armée du duc de Savoie, forte de plus du double, menaçait à la fois, de Turin où elle s'était formée, nos postes de Pignerol et de Suze. Les nouvelles reçues montraient l'ennemi décidé, tantôt à se porter vers nos places de la haute Durance, tantôt à descendre dans le comté de Nice ; mais Catinat y donnait peu d'attention. Dans sa pensée, le duc de Savoie n'en voulait qu'à Pignerol, et toute autre tentative de sa part ne devait avoir d'autre but que d'égarer l'armée française sur une fausse piste, la battre facilement une fois privée de l'appui de la place, et amener rapidement celle-ci à composition, lorsqu'elle serait réduite à sa seule garnison.

Telles furent les prévisions qu'il essaya, dans toutes ses lettres, de faire partager au roi, et le motif de son inaction apparente durant cette campagne, qui n'allait offrir à l'envahisseur que l'obstacle de quelques forteresses plus que médiocres, sans que jamais notre armée mobile intervînt directement pour lui barrer le chemin. — Bientôt les intentions du duc de Savoie ne furent plus douteuses, il allait se porter sur Embrun.

Quittant aussitôt son armée, Catinat courut visiter cette place, accompagné du marquis de Larray, qu'il destinait à la défendre. Rien n'y avait été préparé en vue d'un siège prochain ; les ouvrages eux-mêmes étaient couverts de jardins et de vergers. Il mit bon ordre à cette situation, reconnut les avenues de la place, en fixa la garnison et rejoignit son camp. Il n'y était pas arrivé que l'armée sarde commençait son mouvement. L'avant-garde, sous le marquis de la Parelle, avait atteint la vallée de Barcelonnette[1] et se dirigeait sur Guillestre par le col de Vars[2]. Le gros entrait à Demonte le 26 juillet, passait les Alpes au col de l'Argentière et suivait son avant-garde, tandis qu'un corps détaché de quatre mille hommes sous les ordres de Schomberg, et en partie composé de réfugiés français, pénétrait dans le Queyras par le col de la Croix[3].

La mauvaise place de Guillestre, investie le 28, tombait le 30. Un

---

[1] La vallée de Barcelonnette appartenait alors tout entière au duc de Savoie.

[2] Col de Vars, 2115 mètres, reste longtemps obstrué par les neiges.

[3] Col de la Croix, 2300 mètres. traversé par la route muletière d'Abriès à Bobbio.

convoi de munitions expédié de Briançon à Embrun s'était heurté contre les troupes d'investissement et avait eu de la peine à s'échapper en se jetant dans la Vallouise. Une reconnaissance, envoyée d'Embrun à la rencontre de ce convoi et commandée par M. de Bachevilliers, avait été ramenée par l'avant-garde du duc de Savoie, et le cercle de l'investissement ne tardait pas à se fermer sur cette place et les renforts que M. de Larray y avait fait entrer. La garnison comptait deux mille hommes, mais les munitions et l'artillerie manquaient. Désireux d'observer les événements, Catinat s'était rapproché et campait au mont Genèvre. Cela lui permit d'intervenir à temps pour sauver Château-Queyras. Schomberg venait de faire sommer le fort; son commandant, M. de Lescle, avait repoussé la sommation, mais la résistance ne pouvait être longue. Catinat, sans perdre un instant, fit occuper le col d'Hyzoard par le marquis de Liancourt, marcha avec trois mille hommes par la vallée de la Cerveyrette, et allait déboucher devant Château-Queyras, quand Schomberg, se sentant menacé, rallia le duc de Savoie devant Embrun.

Le siège de cette ville avançait. La tranchée avait été ouverte dans la nuit du 6 au 7 août. Malgré la faiblesse de ses murs, la situation désavantageuse de ses ouvrages détachés, enfilés de toute part, grâce à l'énergie de la garnison et des habitants, aux sorties vigoureuses et quotidiennes dirigées par M. de Larray, Embrun subit dix jours de tranchée avant d'ouvrir ses portes. La résistance eût été plus longue encore, si les munitions n'eussent pas manqué dès le premier jour. On fit des balles avec tout l'étain et tout le plomb qu'on put trouver en ville. Sur neuf canons envoyés de Grenoble sans affûts, on parvint à en mettre trois en batterie, mais on les tirait rarement faute de projectiles, réduit qu'on était à ramasser ceux de l'ennemi pour les lui renvoyer. Larray obtint pour ses troupes les honneurs de la guerre, avec la permission de se retirer à Grenoble, sous la condition qu'elles ne serviraient pas pendant le reste de la campagne. Personnellement il restait, ainsi que ses aides de camp, libre de tout engagement.

Pendant toute la durée du siège, M. de Bachevilliers, commandant la cavalerie française, avait pris position tantôt à Savines, tantôt à Chorges, masquant Gap et Grenoble et inquiétant l'ennemi par des pointes hardies. Catinat, de son côté, cherchait à couvrir Briançon sans se compromettre. Son plan consistait à rejeter le duc de Savoie dans les parties arides de la Provence, où sa cavalerie ne trouverait pas à subsister, et à couper la ligne d'opérations de l'ennemi dès qu'elle serait trop étendue. Cependant les intentions du duc de Savoie restaient incertaines, puisqu'il se dirigeait sur Gap, ce qui menait à Grenoble aussi bien qu'à Sisteron. Dans le doute, il fallait pourvoir Grenoble. La défense en fut également confiée à M. de Larray.

Le 29 août, l'armée du duc de Savoie entrait dans Gap; la ville était déserte, les troupes françaises, n'ayant pu la défendre, s'étaient retirées au camp d'Aspres. Le prince Eugène, qui commandait en l'absence du duc de Savoie retenu à Embrun par une fièvre violente, lança des partis dans toutes les directions. Les villages furent rançonnés, le Champsaur dévasté, Sisteron sommé de se rendre; mais l'attitude du gouverneur suffit pour décourager l'ennemi; une pointe parvint même en vue de Grenoble.

Catinat pressentait que ces ravages dissimulaient la décision arrêtée, chez l'ennemi, de borner là sa campagne; il avait fait occuper solidement le col de la Croix-Haute et attendait le dénouement. Il vint sans tarder. La fièvre du duc avait dégénéré en petite vérole; la duchesse, qui l'avait rejoint à Embrun, n'eut pas de peine à lui persuader de revenir à Turin. Victor-Amédée n'avait d'ailleurs jamais été grand partisan de cette invasion; il n'avait fait que céder aux instances du prince Eugène et à l'appât d'un butin qu'il avait cru plus riche. Les obstacles rencontrés, les manœuvres incessantes de Catinat, l'inconnu du pays, les bruits habilement exagérés de renforts importants envoyés aux Français, et surtout la maladie, avaient achevé de le dégoûter. Le 12 septembre, l'ordre de la retraite était donné. Elle s'effectuait par Embrun et le col de Vars, sans que Catinat l'incommodât.

C'est à la suite de cette campagne que Vauban fut chargé du soin de fortifier notre frontière du sud-est. Il est curieux de le suivre pas à pas durant les différentes reconnaissances qu'il fit de cette frontière; nul n'en a mieux décrit la topographie; rien n'échappe à son investigation, et l'on reste pénétré d'admiration en voyant comment un homme d'une telle valeur descendait jusqu'aux plus minutieux détails.

Arrivé en septembre 1692, et impressionné par les événements de la campagne qui vient de finir, il commence par réclamer une bonne redoute à Saint-Vincent pour barrer la vallée de Barcelonnette, car c'est « l'une des entrées les plus considérables du Dauphiné et de la Provence ». Il inspecte Veynes, Sisteron et Gap, et établit pour chacune de ces places un projet de défense. Il s'avise à Gap et à Embrun « que les étapes ruinent le pays et toutes les villes de la route de Pignerol, dont les peuples désertent à cause des incommodités qu'ils en souffrent », ce qui le fait penser

« à quelques bâtiments propres à cela, qu'ils fussent hors des villes à l'imitation des caravansérails des Turcs; trois ou quatre sur cette route feraient des merveilles, et, au lieu que les étapes dépeuplent le pays, ces bâtiments le feraient repeupler par les débits qui s'y feraient ». Exemple rare d'un homme de guerre qui se préoccupe d'améliorer les conditions d'existence des pays qu'il traverse.

L'admirable conduite des habitants d'Embrun durant le siège l'a frappé, il ne veut pas que le roi en ignore :

« Avant de quitter le Dauphiné, je vous dois dire encore quelque chose de ce que j'ai appris. Le prévôt de l'église cathédrale d'Embrun, homme de qualité, a parfaitement fait son devoir avant le siège, pendant le siège et après le siège. Avant le siège, en excitant les bourgeois de faits et de paroles à brûler les maisons qu'ils avaient hors la ville, à raser les murailles de leurs jardins, commençant par mettre lui-même le feu à la sienne qu'il avait fait faire depuis peu et fort bien accommoder, et faisant abattre ses murailles et couper son jardin, ce qui fut imité par toute la bourgeoisie. Pendant le siège, c'était lui qui quêtait le plomb et l'étain, le faisait mettre en balles, faisait boire son vin aux officiers et les régalait, faisait porter tout ce qu'il pouvait aux attaques, donnait courage aux bourgeois, les excitait à leur devoir; après le siège il sut, par son adresse et ses manières respectueuses, sauver bien des maisons du feu et arrêter une foule de pilleries. »

Plus loin il montre les bourgeois d'Embrun « non contents d'avoir brûlé les bâtiments de leurs campagnes, défaisant eux-mêmes les planchers de leurs maisons dans leur ville, et en arrachant les poutres et solives pour en faire des palissades. »

Les rois qui ont de pareils *missi dominici* sont bien servis.

Les places du Briançonnais et du Queyras reviennent souvent dans les écrits de Vauban, mais c'est Mont-Dauphin qui lui tient le plus à cœur, Mont-Dauphin qu'il a baptisé et dont il a fortifié l'admirable position :

« Sur la jonction de la Durance et du Guil, près d'Eygliers et justement dans la fourche de ces deux rivières, il y a une hauteur supérieure à tout ce qui l'environne, à une bonne portée de canon, inégalement plate par le dessus et escarpée presque à plomb aux trois quarts de son circuit de 25, 26 à 30 toises de haut; la gorge de laquelle peut se fermer par un bastion et deux demis de médiocre étendue. Ce lieu me paraît excellent, et fait exprès pour la place du monde qui serait la mieux située par rapport à la frontière et à nos principales communications, puisqu'elle se trouverait justement dans la rencontre de quatre grandes vallées où débouchent et tombent la plus grande partie des petites du haut Dauphiné et du Piémont. »

Et plus loin :

« Ce poste aurait une telle correspondance avec Embrun et Briançon, qu'aucune troupe ennemie n'oserait plus s'engager entre eux ; ainsi on n'aurait plus que faire du château de Queyras, ni de Guillestre, fort peu de la fortification d'Embrun et encore moins de celle de Gap. »

La conclusion est celle-ci :

« Je ne sais point de poste en Dauphiné, ni même en France, qui puisse lui être comparé pour l'utilité, ni qui favorise plus nos entrées dans le pays ennemi et défende mieux toutes les siennes dans le nôtre, et quand Dieu l'aurait fait exprès, il ne pourrait pas être mieux. M. de Catinat me l'avait indiqué, et prié de l'examiner ; je l'ai fait et voilà ce que j'ai trouvé. Cette montagne est sans nom ; elle en mérite un des plus beaux. Comme nous avons des Mont-Louis, Mont-Royal, Fort-Louis, etc., je ne sais plus où en prendre un qui soit digne d'elle, à moins de l'appeler Mont-Dauphin, nom qui conviendrait fort à Monseigneur et à la province dont il porte le nom. C'est pourquoi il est nécessaire que le roi ait la bonté de s'expliquer, de peur que le bruit commun ne lui en donne un qu'on ne puisse plus lui ôter. »

Reconnaître le Dauphiné et la Provence à la suite de Vauban serait une étude militaire du plus saisissant intérêt. Ces étranges pays, comme il les appelle, « où la cavalerie est bien inutile, mais qui sont merveilleux pour l'infanterie menée par de bons officiers qui sauraient bien les chemins et les avantages de ce pays-ci ». Dans ses nombreux mémoires, les aperçus tactiques abondent ; tout s'y trouve, jusqu'à l'idée des compagnies alpines.

« Je voudrais avoir quelques compagnies franches composées des gens dudit pays, qui en savent bien mieux les chemins et sont plus propres à guerroyer dans le pays de montagnes que ceux qui n'y sont pas accoutumés. »

Mais l'espace nous est compté et il faut résister à cette séduction. Nous devions bien, toutefois, cette page de souvenir au créateur de notre défense des Alpes ; l'histoire militaire du Dauphiné se place de droit sous le patronage du grand nom de Vauban.

Vers la fin de 1711, l'armée française des Alpes, sous le maréchal de Berwick, appuyait sa gauche en Maurienne et en Tarentaise, tenait fortement son centre à Briançon et dans le Queyras, puis étendait sa droite le long du Var, depuis Saint-Martin-d'Entraumes jusqu'à Saint-Laurent. L'ennemi, se rassemblant vers Coni semblait menacer le col de l'Argentière, pourtant il sillonnait également de nombreux partis la vallée de la Doria, et une complète incertitude planait encore sur ses desseins. Se sentant menacé sur toute la frontière des Alpes, le maréchal de Berwick avait choisi le seul plan qui lui permît de se présenter en force sur quelque point que se portât l'attaque. Gardant dans sa main presque toutes ses troupes (40 bataillons et autant d'escadrons) entre Briançon et Guillestre, il se contentait de faire observer ses ailes. Il savait que, grâce à sa connaissance du pays, aux chemins qu'il avait fait percer et qu'il faisait soigneusement entretenir, il était en mesure, avec la presque totalité de son armée, soit d'atteindre le Var en cinq jours, soit de devancer par le col du Galibier l'ennemi en Maurienne, quel que fût le chemin qu'il plût à celui-ci de choisir. Dans les premiers jours de juillet, l'armée sarde fit un mouvement vers la Doria. Le duc de Savoie portait son quartier général à Suze, lançait toute sa cavalerie dans le val d'Aoste et, démasquant enfin ses projets, franchissait le mont Cenis le 6 juillet. Après s'être campé entre Lans-le-Bourg et Termignon, il détachait quatre mille hommes par le col de la Vannoise, afin de tendre la main à la diversion du Petit Saint-Bernard, et d'obliger nos troupes à abandonner la Tarentaise. Berwick, resserrant sa ligne sur sa gauche, marcha sur Valoire, poussa plusieurs bataillons à Saint-Jean-de-Maurienne, Aiguebelle, Montmélian, tendant à renouveler la manœuvre qui lui avait si bien réussi en 1709. Devant ces dispositions, le duc de Savoie ne crut pas pouvoir forcer le passage par la Maurienne; il se déroba par le col de la Vannoise, atteignit l'Arly, le passa auprès de Conflans et redescendit l'Isère. Mais Berwick l'avait déjà prévenu; il venait de reprendre son camp de Montmélian, après avoir détaché six bataillons dans les Bauges pour bien assurer sa gauche. Les deux armées restaient en présence. L'armée sarde, quoique très supérieure en nombre, et après le succès de sa cavalerie qui venait d'obliger la nôtre à se réfugier dans le camp retranché, ne voulait pas risquer l'attaque avant de s'être préalablement emparée des Bauges. Un coup de main fut décidé et tenté contre le Chastelard; il réussit. M. de Maulevrier, qui défendait les Bauges, ne crut pas pouvoir s'y maintenir et se hâta de rallier le camp du maréchal; dès lors la position de Montmélian était perdue, il fallait l'évacuer sans retard, avant que l'ennemi, parvenant au village de Thuile, fût maître des hauteurs. Berwick en prit une autre à une lieue et demie de Montmélian et en avant de Barraux. Elle couvrait complètement le fort Barraux et Grenoble; sa gauche était appuyée à des montagnes très escarpées, où un poste d'observation s'était établi d'une façon inexpugnable; le front était couvert de travaux de campagne, la droite restait en communication avec la Maurienne et Briançon, grâce au pont qu'on venait de construire à Pontcharra. Cette communication était en outre sérieusement assurée par deux régiments placés de l'autre côté de l'Isère, vis-à-vis de Montmélian, avec mission d'observer l'ennemi et de l'empêcher à tout prix de rétablir le pont que nos troupes avaient détruit en se retirant. Trois bataillons à Aiguebelle gardaient l'extrémité de la Maurienne et, comme l'Arc n'était pas encore guéable, trois autres suffisaient pour occuper Saint-Jean et Valoire. Les troupes couvertes par l'Isère et l'Arc avaient ordre de tenir continuellement des partis sur les hauteurs ; elles devaient marcher, sans nouvel avis, par leur droite ou par leur gauche suivant ce qu'elles verraient faire à l'ennemi, afin de le devancer en force de quelque côté qu'il tentât de percer notre ligne.

Quoique rejeté à l'extrémité de son front d'opérations, Berwick conservait donc pleine liberté de manœuvre. Devant l'inaction de l'ennemi, qui s'était contenté d'occuper Chambéry, il lui avait été facile d'accumuler les travaux de défense au camp de Barraux, ce qui avait permis de détacher une dizaine de bataillons pour fortifier les postes de la Maurienne. Le maréchal préparait déjà un mouvement offensif qui devait hâter la retraite de l'armée sarde. Celle-ci commença le 8 septembre vers le Piémont, par Saint-Pierre d'Albigny, Conflans et le chemin précédemment suivi. Berwick saisit le moment. Il avait calculé, d'après les positions respectives des deux armées, qu'en marchant sur Exiles, il pourrait gagner l'ennemi de vitesse et enlever la place avant qu'elle ne fût secourue. Elle n'avait en effet d'autre protection que le corps piémontais du comte de la Roque, au camp de Saint-Colomban. M. d'Asfeld reçoit l'ordre de marcher de Briançon, le 13 septembre, avec treize bataillons et de se trouver le 16 devant Saint-Colomban ; d'autre part, le marquis de Broglie doit quitter la Maurienne en même temps, couronner également le 16 avec toutes ses troupes les hauteurs de la Touille, qui dominent le camp de M. de la Roque. L'effet de cette double attaque ne peut être douteux. L'esprit d'indépendance et d'envie de Broglie devait néanmoins la faire échouer. Jaloux d'avoir seul part aux succès, il attaqua dès le 15, puis trouvant chez l'ennemi une résistance inattendue, il ordonna la retraite. S'il l'eût différée au lendemain, malgré son échec, tout pouvait encore se réparer. Le 16, en effet, les Piémontais furent débusqués de leurs retranchements par les manœuvres de M. d'Asfeld et se retirèrent vers Suze, découvrant Exiles. Quoique vainqueur, M. d'Asfeld n'osa pas pourtant s'aventurer à en faire le siège ; privé du concours sur lequel il comptait et craignant un retour offensif de la part de l'ennemi, il se replia dans la vallée de Pragelas.

Ainsi finit cette campagne, dans laquelle Berwick à une défensive pleine de ressources sut joindre une offensive hardie; la conception lumineuse du général en chef plane tellement sur son ensemble, que les fautes des lieutenants ne peuvent l'obscurcir. Il va être intéressant de retrouver sur le même terrain quelques régiments des dernières troupes de Napoléon et de voir le parti qu'a su en tirer un homme de guerre de la trempe de Berwick, celui qui devait s'appeler le maréchal Bugeaud.

Le 18 avril 1815, notre frontière du sud-est était gardée par trois corps d'observation : celui du Jura (général Lecourbe), celui des Alpes (général de Grouchy) et celui des Alpes-Maritimes (maréchal Brune). Le second, le seul qui doit nous occuper, comptait à cette date deux divisions, plus ou moins tronquées, la vingt-deuxième et la vingt-troisième. Leur artillerie était en voie de formation à Grenoble, leur infanterie diminuée d'un tiers, leur cavalerie insuffisante; il n'était pas de jour qu'on ne leur fît un emprunt pour l'armée du nord-est. Elles avaient à faire face à l'armée piémontaise, aux Autrichiens réunis aux Piémontais et aux Suisses qui prenaient déjà parti pour la coalition. La garde nationale et les corps francs devaient, il est vrai, dans la pensée de l'empereur, prendre une part importante aux opérations, se substituer, pour la garde des places fortes et des positions en arrière, à l'armée active, et rendre à celle-ci toute sa mobilité. Malheureusement, du projet à la réalité il y avait loin. Le projet, c'était quarante-deux bataillons répartis entre Briançon, Grenoble et Colmar. Avec les arsenaux vides, les magasins épuisés, la réalité donna quelques milliers de gardes nationaux, qu'on se résolut à envoyer au feu, encore vêtus de leurs blouses de paysans, sans se soucier de les exposer à être passés par les armes s'ils tombaient entre les mains de l'ennemi, faute d'un uniforme qui prouvât leur qualité de belligérants.

Le 27 avril, le général de Grouchy porta son quartier général à Chambéry : la vingt-deuxième division (général Desaix) occupait Frangy, Saint-Julien et Annecy; la vingt-troisième (général Girard) gardait Chambéry, les Bauges et la vallée du Grésivaudan. Deux attaques étaient à craindre, l'une par la Suisse, l'autre par le Briançonnais. Il importait toutefois qu'elles ne fussent pas simultanées, car, malgré le développement excessif de sa ligne, le général de Grouchy n'atteignait pas jusqu'à Briançon et le sort de cette place le préoccupait vivement. Dans toute sa correspondance perce l'idée fixe d'en augmenter les fortifications et la garnison; il comprenait, à l'exemple de Berwick et de Catinat, le rôle prépondérant de cette forteresse, au point de vue de la défense des Alpes françaises. Il écrivait encore le 5 mai, quelques jours avant d'être remplacé par le maréchal Suchet :

« Il est d'autant plus nécessaire qu'on se trouve en mesure de défendre Briançon, que les nouvelles qui me parviennent du Piémont confirment la formation d'un camp sous Pignerol. Ayez donc l'œil constamment ouvert sur Queyras, Mont-Dauphin et Briançon ; pressez par tous les moyens possibles l'approvisionnement et la mise en état de défendre de ces places. »

Lorsque le maréchal Suchet prit le commandement le 11 mai, son prédécesseur lui laissait quinze bataillons, huit cents chevaux, vingt-quatre pièces et assez de fusils pour armer douze ou quinze bataillons de garde nationale. L'insuffisance des forces françaises était telle, que l'ennemi eut toute liberté de mouvement ; les débouchés des Alpes lui étaient ouverts, il se rapprocha peu à peu de nos troupes, jusqu'à ce que les avant-postes eussent pris le contact. Les Piémontais étaient entrés par la Maurienne, les Autrichiens arrivèrent par le Simplon et le Saint-Bernard.

La ligne française avait une étendue bien peu en rapport avec l'effectif des troupes qui l'occupaient, mais on ne pouvait la diminuer sous peine d'être tourné sans remède. Elle barrait à la fois les routes de la Suisse, de la Tarentaise et de la Maurienne, partait de Montmélian, s'appuyait à Allevard et à Pontcharra sur la rive gauche de l'Isère, passait au col de Tamié, Faverges, Annecy et se prolongeait par le Fier jusqu'à Seyssel.

L'armée française avait reçu l'ordre d'attaquer sur tous les points le 15 juin 1815. Dans la nuit du 14 au 15, le général Mesclop, avec le 24° de ligne, un bataillon du 7° et un escadron du 10° chasseurs, remonta la rive gauche de l'Isère. Il avait mission de tourner les positions de l'ennemi et de prévenir la destruction des ponts, tandis que les deux autres bataillons du 7° opéraient par la grande route. Vers une heure du matin, nos troupes enlevaient Montmélian. A Maltaverne la résistance fut plus vive ; les chasseurs chargèrent et sabrèrent deux compagnies qui furent prises en entier. Le régiment de Savoie cherchait à arrêter nos troupes au pont de l'Arc ; malgré son feu très vif, il était culbuté et cerné.

Dans le même temps le colonel Bugeaud, avec le 14° régiment, descendait des Bauges, s'emparait après une légère résistance des postes de Saint-Pierre-d'Albigny et de Grésy-sur-Isère, enveloppait le bataillon d'avant-poste d'une brigade piémontaise, lui faisait mettre bas les armes sans coup férir, puis, se portant résolument à la rencontre de la brigade elle-même, la mettait en complète déroute, la poursuivait l'épée dans les reins et entrait à sa suite dans Conflans et l'Hôpital. A la suite de cette affaire, les Piémontais évacuèrent Saint-Jean-de-Maurienne et Moutiers. Cette action n'était que le prélude d'un combat où, malgré la disproportion des forces, le colonel du 14ᵉ et son héroïque régiment devaient encore se couvrir de gloire. Le 27 juin, le 14ᵉ, renforcé d'un bataillon du 20ᵉ, était établi à Conflans et l'Hôpital, sur les deux rives de l'Arly. Par quelques prisonniers autrichiens, on apprit que le général Trenk, à la tête de 10 000 hommes, s'avançait par la Tarentaise, tandis que le général Bubna, descendant avec 20 000 hommes par le mont Cenis, avait envahi la Maurienne. Le colonel Bugeaud informa sur-le-champ le maréchal Suchet de la situation. Il lui demandait que les troupes de la Maurienne fussent réunies dans la nuit à celles de la Tarentaise, afin d'écraser le général Trenk, faisant valoir qu'il n'y avait pas d'inconvénient à dégarnir momentanément la Maurienne, puisque l'offensive du général Bubna viendrait inévitablement se briser contre la tête de pont de Montmélian. Au lieu du général Mesclop et du secours des troupes de la Maurienne, ce fut le bulletin de la bataille de Waterloo qui arriva au point du jour. Cette accablante nouvelle, au moment d'engager une lutte disproportionnée, un contre dix, était faite pour abattre le moral des troupes les plus éprouvées. Le colonel le comprit aussitôt, et voulant devancer à tout prix la rumeur publique et paralyser son action, il fit former le carré, lut la fatale proclamation, puis, dans une chaleureuse improvisation, il monta les courages au point où il les souhaitait pour la grande tâche qui s'apprêtait.

Les avant-postes de cavalerie ne tardèrent pas à signaler l'ennemi. Le plan du colonel Bugeaud était de se maintenir derrière la rive droite de l'Arly, et, pour empêcher l'ennemi de le franchir en amont et hors de sa vue, il avait fait occuper la rive gauche par un corps d'observation. Ce détachement, auquel il était enjoint de ne pas s'engager à fond, était l'amorce qui devait amener les Autrichiens à notre portée. Une fois en face de nous, s'ils risquaient le passage de l'Arly, on leur laisserait prononcer en partie leur mouvement, et les surprenant en plein délit de manœuvre, on se jetterait sur la fraction qui aurait passé, sans que le reste du corps ennemi, encore sur l'autre rive, pût lui porter secours. Grâce à cette adroite tactique, l'infériorité du nombre pouvait être momentanément compensée. Le pont ne fut pas coupé afin de tenter davantage l'ennemi. Ainsi que le commandant des troupes françaises l'avait prévu, deux colonnes autrichiennes, l'une venant de Beaufort, l'autre de Moutiers, se réunirent devant le camp de la rive gauche, qui servait de masque à la véritable position. L'attaque suivit de près et fut impétueuse. Le colonel, après avoir repoussé plusieurs fois les tirailleurs, voyant les soutiens se rapprocher, se retirait sur un gué au-dessous de l'Hôpital, lorsqu'il aperçut les Autrichiens s'engageant au pas de course sur le pont de l'Arly. Celui-ci ne devait pourtant pas leur être abandonné avant que les derniers défenseurs fussent à l'abri sur la rive droite. Une pareille faute compromettait la journée. Jetant alors dans une usine au confluent de l'Arly et de l'Isère les soldats qu'il ramenait sur l'autre rive, le colonel franchit l'Isère de sa personne, court au reste de ses troupes déjà en retraite sur Chambéry, les arrête, les remet face à l'ennemi, puis tirant de cette masse en désordre les trois compagnies de grenadiers, il leur demande s'ils consentiraient à abandonner trois compagnies de leurs camarades au pouvoir de l'ennemi? « Non », fut-il répondu sur toute la ligne. Alors, dans un langage digne de la Rochejacquelein, le colonel Bugeaud s'adressant à un de ses chefs de bataillon : « Commandant Seyès, dit-il, marchez à mon appui; les grenadiers sont incapables de reculer, mais s'ils avaient ce malheur, faites feu sur eux et sur moi. » Un régiment hongrois accueille nos grenadiers par une fusillade terrible, ils ne répondent pas, continuent à se porter en avant, puis arrivés à quarante pas, font une décharge générale qui fauche toute la tête de colonne. Un instant ils hésitent à se jeter dans cette forêt de baïonnettes, puis entraînés par l'exemple du capitaine Parlier du 14e, ils se précipitent tête baissée dans cette masse d'hommes et y font un carnage considérable. En peu d'instants les rues de la petite ville de l'Hôpital sont encombrées de morts, quatre cent prisonniers tombent aux mains des grenadiers, le reste est rejeté sur la rive gauche.

S'entêtant dans leur faute, les Autrichiens essayent à diverses reprises de reprendre l'Hôpital, chaque fois ils éprouvent le même sort, avec cette différence que leurs attaques devenant de moins en moins hardies, leurs pertes sont de moins en moins sérieuses. Changeant alors de tactique, ils forment une colonne profonde, passent l'Arly à son embouchure et se prolongent sur la route de Chambéry. Pour parer à ce nouvel orage, le colonel Bugeaud n'a sous la main que six compagnies, celles de la garde du drapeau. Il les enlève à sa suite, mais au lieu de chercher à gagner de vitesse la route de Chambéry et d'attaquer en tête la colonne qui voulait nous en couper la retraite, il se dirige vers le gué qu'elle vient précisément de franchir. C'était frapper au moral d'une manière décisive. Ce mouvement commence à étonner l'ennemi; il se trouble, il se croit tourné et il s'empresse de rétrograder, d'abord en assez bon ordre, mais bientôt la confusion gagne et ce n'est plus qu'un troupeau lorsqu'il aborde la rivière. Le feu des six compagnies de fusiliers complète le désastre. L'on voit que ce combat se composait de coups de main vigoureux, séparés par d'assez longs intervalles pendant lesquels les Autrichiens faisaient un feu d'artillerie et de mousqueterie auquel les Français ne répondaient pas, se préparant seulement à recevoir de nouvelles attaques. Toutefois, quelque ménager qu'on en eût été de notre côté, les cartouches manquaient. Une réserve portée par vingt mulets avait été égarée loin du champ de bataille par l'inintelligence ou la faiblesse de l'adjudant qui en avait la direction. Cette circonstance eût déterminé le colonel Bugeaud à se retirer définitivement, si par cette retraite il n'eût découvert et livré aux coups de l'ennemi un bataillon du 67ᵉ qu'il attendait. Le 14ᵉ de ligne prit donc en arrière une position défensive, qui, le rendant maître du col de Tamié, lui permettait, soit d'éviter le combat, soit de reprendre l'Hôpital dès que le 67ᵉ serait signalé. Ce bataillon ne tarda pas, en effet, de déboucher de la vallée d'Ugine, et c'est dans le bourg de l'Hôpital, repris d'assaut, qu'il fit sa jonction avec les grenadiers et voltigeurs du 14ᵉ. En même temps un bataillon du 20ᵉ arrivait de Montmélian. Avec ces renforts, le colonel Bugeaud allait prendre, à son tour, l'offensive, lorsqu'il reçut l'ordre de suspendre les hostilités, un armistice venant d'être conclu entre le maréchal Suchet et le général Bubna. Toute effusion de sang devenait inutile depuis que le sort de l'armée française s'était décidé dans les plaines de Waterloo.

Ainsi finit ce combat dans lequel 1750 Français luttèrent pendant dix heures contre les attaques répétées de 9 ou 10 000 Autrichiens. L'ennemi laissa 2000 hommes sur le terrain et entre nos mains 960 prisonniers. Notre perte fut de 130 blessés et 20 tués. Ces résultats extraordinaires sont dus aux heureuses dispositions de la défense, et à la manière de combattre des Français, qui, masqués jusqu'au moment décisif, sortaient ensuite brusquement, brûlaient peu de poudre et seulement de très près et abordaient vigoureusement l'ennemi à la baïonnette.

Il y a quelques années encore, cette campagne de 1815, à l'égal de celles de Catinat ou de Berwick, avait pour nous tout l'étonnement d'un souvenir lointain. Il n'en va plus de même, hélas ! aujourd'hui que notre génération vient de se familiariser si tristement avec la violation des frontières et les angoisses de la patrie. Ce passé est devenu vivant, il se dresse devant nous avec toute l'autorité de ses cruelles leçons ; gardons-nous bien de le repousser, interrogeons-le avec soin et sachons profiter de ses enseignements. L'histoire de nos succès nous rendra confiance dans notre force, celle de nos désastres restera le gage certain de notre relèvement. Dans le recueillement qui a suivi 1870, nous n'avons songé qu'à nous défendre et à nous enfermer chez nous. Au nord-est, notre frontière naturelle était perdue, on l'a remplacée par un mur de fer. Les Alpes heureusement restaient intactes, mais avec des fortifications vieillies et insuffisantes. Désormais nous pouvons être sans crainte, leurs moyens de défense sont à la hauteur des progrès modernes. Si l'outil est bon, nous avons lieu d'espérer aussi qu'il sera bien manié. La guerre de montagnes est une guerre spéciale, on a compris de nos jours qu'il y fallait des troupes spéciales. L'Italie a ouvert la voie par la création des compagnies alpines. Ces compagnies, au nombre de soixante-douze et à l'effectif de paix de cent vingt-cinq hommes, sont groupées en vingt bataillons et six régiments. Dans un remarquable travail sur l'infanterie italienne, la *Revue militaire de l'étranger* nous donne d'intéressants détails sur leur recrutement et leurs exercices.

« Le recrutement des troupes alpines est régional ; chaque compagnie tire ses hommes de la vallée même où elle est stationnée. Une partie du contingent alpin provient toutefois de quelques districts montagneux des Apennins ; cet appoint est nécessaire pour suppléer à l'insuffisance du recrutement dans certaines vallées. Outre les exercices ordinaires des troupes d'infanterie, les Alpins font pendant les bonnes saisons de l'année de longues excursions destinées à les habituer aux marches pénibles de la montagne et à leur faire étudier topographiquement et tactiquement les vallées dont ils ont la garde. Ils reconnaissent toutes les positions, les attaquent et les défendent, déterminent les travaux de fortification passagère qui en augmenteraient la valeur, manient souvent la pioche, la pelle et le pic. Dans ces courses qui durent ordinairement du lever du soleil jusqu'à quatre et cinq heures du soir, ils quittent la vallée pour atteindre les sommets les plus élevés, traversent même les glaciers et campent où ils peuvent. »

En France, tout en comprenant l'avantage des troupes alpines, nous n'avons pas cru devoir les faire entrer dans notre organisation militaire. Nous nous sommes bornés à en attribuer le rôle aux cinq bataillons de chasseurs et à plusieurs bataillons d'infanterie des deux corps d'armée de notre frontière du sud-est. Depuis mai jusqu'en octobre, ces troupes reçoivent l'éducation de la montagne, comme les Alpins d'Italie ; leur équipage a été adapté au terrain où elles opèrent, les mulets de bât ont remplacé les voitures régimentaires ; accompagnées de batteries de montagne, elles évoluent dans la zone qu'elles couvriraient en temps de guerre. Elles ont déjà rendu de grands services, leurs travaux de reconnaissance achèvent peu à peu de faire la lumière sur tous les passages si nombreux et si peu connus des Alpes. Bien que d'une création plus récente, nos Alpins, comme instruction, n'auront bientôt plus rien à envier à leurs voisins. Comme aptitude physique, il n'en sera malheureusement jamais de même, tant que les recrutements ne seront pas similaires. Pour ne pas déroger à la loi que nous nous sommes tracée, d'éloigner l'homme de son foyer durant son temps de service, nos bataillons alpins reçoivent des soldats de partout, excepté des régions où ils sont appelés à manœuvrer. C'est justement leur enlever la ressource la plus précieuse de toute troupe de montagne, c'est les priver de leurs guides naturels et les mettre à la merci des gens du pays. Et puis, vouloir transformer par le fait seul de l'incorporation l'homme de la plaine en montagnard, n'est-ce pas poursuivre une chimère? La montagne passionne celui qui l'aime, ces courses de sommets ont leur ivresse, elles exaltent chez l'homme le sentiment de sa force par la difficulté vaincue, elles l'endurcissent, le bronzent, lui enseignent à se jouer du danger. Mais la montagne n'appartient qu'aux forts, et par-dessus tout aux siens. Aux autres elle n'apporte que découragement, déception, obstacles insurmontables, épuisement physique. N'est-ce pas d'après cette loi de nature que devraient être recrutées nos troupes alpines, plutôt que d'après la règle trop inflexible que nous énoncions tout à l'heure? Elles le seront, on y viendra ; une pareille modification n'est rien, il suffit de la vouloir et on la voudra. Nous faisons seulement des vœux pour que ce soit bientôt.

Aujourd'hui nous sommes à la paix ; toute l'Europe, armée jusqu'aux dents, proteste bien haut de ses intentions pacifiques, les hommes d'État en sont garants, les généraux eux-mêmes ne se montrent plus en public sans la branche d'olivier, mais enfin il suffit d'une étincelle, et il y a toujours tant de poudre dans l'air, qu'un pays, jaloux de son indépendance, doit compter sans cesse sur un appel aux armes. S'il venait jamais à retentir pour la France, nos Alpes, hérissées de forts et sillonnées par nos détachements alpins, deviendraient, avec l'aide de Dieu, le plus sûr rempart de l'honneur du drapeau et de l'intégrité de la patrie.

PARIS. — E. DE SOYE ET FILS, IMPRIMEURS, 18, RUE DES FOSSÉS-SAINT-JACQUES.